르완다, 나의 슬픈 간이역

허효순 시집

문학의전당 시인선
380

르완다, 나의 슬픈 간이역

허효순 시집

문학의전당

시인의 말

아프리카 르완다에 도착한 지
어느새 5년이 지나갔다.

순종함으로 누리는 감사의 삶
하루하루 희망이 생겼다가 혹은 절망하기도 하지만,

이곳은 늘 햇볕이 밝고 밝아서
마음 가득 햇볕을 먹고 산다.

2024년 8월
르완다에서 허효순

차례　　　　　　　　　　시인의 말

제1부

태양을 이고 가는 사람　13
아, 오늘 광복절인데　14
짝 안 맞는 한 켤레　16
하나 되기　18
엎질렀어요　19
세월은 흙탕물 같아　20
뒤로 걷기　22
모기 물고 간 자리　24
집을 찾아오는 흙　26
이유가 있다면　27
제노사이드 추모관　28
주머니　30
공항 공황　32
그렇게 지구의 꿈은 계속된다　34

제2부

은데라의 저녁　37
부추꽃을 아시나요　38
무산제 가는 길　40
먼지 거인　42
환전　44
선데이 파크 결혼식에서　46
키미롱고 시장　47
냐루타라마 테니스장　48
마노 미용실　50
모토택시　52
키갈리 공항을 바라보며　54
통증　56
즐거운 전염　58
건축새 이싸안디　60

제3부

새벽 세 시가 오전 열 시를 63
그리움에는 양력(揚力)이 있다 64
근심 66
추억협착증 68
슬픔의 단위 70
너는 좋겠구나 72
추억도 향취 74
옥수수 76
오리들 78
상추 80
르완다 보름달 82
먼 안부 84
마음이 돌고 돌아 86
이제 안녕 88
어미 90

제4부

연민 93
복숭아 94
부부 96
윷놀이 98
김장김치 100
청동거울 102
통삼겹 묵은지찜 103
시베리안 허스키를 생각하며 104
오이와 할머니 106
심지(心志) 108
나비 110
종려나무에 깃들 때 112
별이 빛나는 밤 114
슬픈 간이역 116

해설 | 따뜻함과 쓸쓸함의 쓰기 117
신상조(문학평론가)

제1부

태양을 이고 가는 사람

새빨간 꽃이 피는 카사바*에서 캐낸 뿌리들
머리에 덩이덩이 이고 간다
쏟아지는 땡볕에도 기울어지지 않는다

옷장, 삼인용 소파도 거뜬히
제 키보다 큰 사탕수수나무도 출렁이며,
혹은 공사장 돌까지 머리에 이고 나른다
모든 균형이 머리와 목에서 조율된다

평생 남의 짐을 날랐지만
정작 자신의 생은 온전히 부려놓지 못한다

보이는 길은 아예 없는 것인지
전혀 보이지 않는 길을 더듬어가고 있는지

검은 피부 위로
태양은 쉼 없이 내리고 있다

―――――

*카사바: 주로 탄수화물이며 고구마와 비슷함. 르완다인들의 주식.

아, 오늘 광복절인데

르완다에 있지만 태극기를 걸고 싶어
바깥으로 난 주방 문을 여니
바닥에서 개미들이 와글와글 밀려온다

집안도 자신들의 영역이라고
마치 대세라는 듯
까맣고 동그란 머리와 몸통들이
뒤엉켜 맹렬히 밀어닥친다

어쩌면 대세를 꺾는 것도 주권을 되찾는 일일까
제국주의가 침략과 약탈에서 시작되었듯
저항하지 않는다면
식탁과 주방은 외세의 침범을 받아야 한다
여기까지 생각이 미치자
와락 소름이 돋는다

집안으로 줄지어 오고 있어
물 한 양동이 부어 하수구 쪽으로 밀어내지만

기세가 꺾이지 않는다

나는 직접적인 무력행사로
소금 잔뜩 뿌리고 문을 닫아걸었다
그제야 개미들은 하얗게 흩어진 소금 알갱이에
흙 속과 벽돌 틈 사이로 자취를 감췄다

광복은 광복에서 끝나지 않는다
그다음에는 굳건히 지키는 것이라고
내려놓았던 태극기를 다시 펼쳐
경건하게 꽂아놓는다

짝 안 맞는 한 켤레

공사장 구석에 뒤집혀 있는 작업화 한 짝
비 온 뒤 진흙이 구겨 신은 것 같다

빗물에 젖었다 햇볕에 말랐다 하면서
몇 날 며칠의 하늘을 걸어가다 섰는지
끈이 풀려 있다

한때는 누군가의 앞코가 되어
빛났던 때도 있었으리라
뒤축의 힘으로 꿈을 져서 나르기도
고공에서 후들거리는 생활도 받쳤을 것이다

어쩌면 삶은 신발이 이끄는 대로
걸어온 길일지도 모른다 그동안 내게서
벗어난 신발들은 기나긴 여행을 하고 있을까
색이 이지러지고 끈이 버려지고
발을 품었던 밑창마저 뜯긴 채
불길 속으로 떠났을까

그늘을 벗고 나온 아낙이
짝이 없는 작업화를 들어 보고는
물가에서 말끔하게 씻어 말린다

먼 데서 비슷한 짝이
아이의 손에 들려서 온다

하나 되기

　유치원 복도에 동물 모양의 놀이기구들이 있다 아이가 올라타 움직일 때마다 스프링이 탄력을 받아 흔들린다 모두 벽을 향해 있어 아이나 동물이나 엉덩이만 보인다 하나같이 둥글둥글 정겹다 아이는 뒤를 탁탁 두드리면서 제 엉덩이 들었다 놓았다 하며 흐흥 즐겁다 동서양이나 아프리카 아이들이나 노는 모습이 똑같다

　가만히 지켜보니 올라탄다는 건, 탈것과 몸이 서로를 받아준다는 거겠다 탈것은 무게를 배려하고 몸은 탈것의 반동에 스스로를 내맡긴다 한 번 두 번 세 번 둥글둥글 잘도 돌아간다 하나같이 잘도 돌아간다

　사람과의 관계도 저처럼 원만했으면 싶다 합심을 못하고 늘 둘로 나뉜 사이라면 얼마나 흥이 없을까 오늘, 일로 만날 사람을 마음에 태우기로 한다 그가 웃으면 같이 웃고 그가 악수를 청해 오면 호의의 탄력으로 흔들어주리라

엎질렀어요

  아이가 우유를 현관 앞에 흘렸네요 시간 없다고 끌려 나왔거든요 엄마는 슬리퍼만 신고 손 잡아끌지만 나는 나머지 한 손으로 신발을 들고 있어요

  있잖아요 나는 잘 안 되는 게 많아요 엄마는 소리치죠 나는 엄마 등 뒤에서 혀만 내밀어요 멀리서 노란 버스가 길을 삼켜요 유치원 차 온다 재촉해요 나는 아직 졸려요 손에 힘이 없어요 잠이 자꾸 쏟아져요

  뭐해? 속으로 생각해요 뭐하긴 엎지른 거지
  나는 우유를 엎질렀지만 엄마는 나를 엎질러 낳았잖아요
  엄마는 아빠 올 때만 막 치울 거잖아요

세월은 흙탕물 같아

비 그친 도로에서 본다
휩쓸려온 나뭇잎에 달팽이가 붙어 있다
흙과 아스팔트는 나름의 경계가 있고
기준이 있었을 터인데
도랑을 이룬 흙탕물에게는
구획이 쉽지 않은 모양이다

쏟아지는 비로 흙이 파여서
얼떨결에 도로 위까지 나온 저 달팽이
믿을 건 제 껍데기뿐이라고
곰작곰작 기다가 다시 숨는다
자동차 바퀴가 아슬하게 그 옆을 지날 때
나선형이 기우뚱 길가로 밀린다

이 아침 걷고 있는 나에게도
구분도 없이 새해가 와 있다
내가 지난해에 속해 있다가
올해로 밀려난 것은 아닌지

아무래도 세월은 흙탕물 같아
생각이 풀리어 몹시 흐려진 마음이 자꾸만 결려서
달팽이를 검지 엄지로 들어
풀숲으로 옮겨준다

뒤로 걷기

잘 쓰지 않는 근육운동을 해본다고
뒷걸음질로 걸으니 뒤가 환하다
산등성이 오르는 햇볕에 물러서는 안개
골짜기에 단련된 지붕들
그 틈으로 울근불근 드러나는 골목
이 먼 아프리카에 와 비로소
좌우 풍경이 한눈에 들어오는 것이다
앞으로 걸을 때는 몰랐던 풍경의 이완이
발걸음 기울기에 맞춰
맺고 풀고 어르고 당겨진다
비록 속도는 느리지만
다가올 앞을 간간이 돌아보며
뒤를 상큼상큼 놓아주게 된다
뒤꿈치가 숨 가쁘게 재촉하지 말라며
앞장서 다독인다
그래야겠다
앞만 보고 속도 내왔던 여생을
뒤로 걸으며 천천히 살펴야겠다

미처 보지 못했던 사람들을,
미처 느낄 겨를도 없던 감정을,
미처 의식하지 않았던 나 자신을
오롯이 만나야겠다

모기 물고 간 자리

작고 까만 것이 발등에
침 박고 피를 빨았나 보다
멀리 가지 못하고 벽에 붙어 있는
녀석을 손뼉으로 잡았더니
한 방울 피가 묻어 있다

복복 모기 물린 데를 긁는다
그 자리가 덧나서 들먹들먹하다
지독스럽게 몇 날을 근질거린다

소독 후 연고를 펴 바르지만 여전하다
모기도 산란을 위해서 어쩔 수 없었을 테지만
하필 나여야만 하는지가
억울할 뿐이다

사람의 말 속에도 긴 대롱이 있다
상대방 심장에 주둥이를 박고
감정을 빨아들인다

그 상처를 소독하려면
시간을 골고루 펴 발라야 한다
가라앉힌 마음을 몇 날 며칠 도포해야 한다

더러운 말은 더러운 환경에서 잘 자란다
새살이 돋을 즈음
내게도 열을 내다 고였던 마음이 있는지
돌아보게 된다

집을 찾아오는 흙

비바람이 양철지붕을 북 두드리듯 밤새 몰아닥친다 유례없는 폭우에 산등성이 무너지고 빼곡했던 지붕들도 휩쓸려 쏟아진다 흙벽돌이 우르르 무너져 내리면서 가재도구들과 섞여 냐바롱고강*으로 흘러간다 그리고는 빅토리아 호수로 들어가 청나일강 줄기를 타고 백 나일강과 합류되어 나일강이 된다 그런 다음 이집트 카이로를 지나 지중해에 도착한다

비 그치고 햇볕 쨍쨍한 산등성이 흙을
르완다 촌부들이 질척이도록 반죽해 벽을 올리고 있다
집과 함께 무너졌던 흙이
지중해 바닷바람 따라
나일강에서 냐바롱고강으로
거슬러 올라와 쌓였다는 걸 안다는 듯,
경건하게 흙손과 젖은 헝겊으로
바르고 다듬는다

---

*냐바롱고강: 르완다 키갈리 남쪽에 흐르는 강.

이유가 있다면

아이가 왼쪽 오른쪽 신발을 바꿔 신고 이리 뒤척 저리 뒤척 걸어간다 발을 디딜 때마다 신발에 그려져 있는 쥐에서 삑! 소리가 난다 이번엔 땅바닥에 양팔을 짚고 고양이처럼 폴짝폴짝 뛰자 삑삑! 더 큰 소리가 놀이터를 헤쳐놓는다 신발을 벗었다가 바르게 신어도 한결같은 소리, 어쩌면 아이는 소리가 시키는 대로 움직이고 있는지 모른다

더 이상 발이 자라지 않게 되면서부터
어른은 다른 문수를 넘보지 않는다
정확히 말하자면
자신보다 작거나 큰 변화에 관심이 없다

나는 가끔 신발 뒤축을 꺾어 신고 다닌다
왜 그렇게 신고 다니느냐 물으면
씨익, 웃는다
치수를 접어버리는 것이 때론
순순히 신을 길들이기도 한다

제노사이드 추모관*

르완다의 4월에는 누구나 초록에 베인다
추모관에 전시된 사진들,
후투족과 투치족 종족 갈등이
그대로 인화되어 있다

사무실에 가끔 들르는 줄래 씨는
학살의 기억이 아직도 뿌리가 깊다
가족이 지하에 숨었던 여섯 살 그날,
먹을 것을 가지러 가던 엄마가
총에 맞아 고꾸라졌고
달려가 껴안던 누나도 연이은 사격에
하얀 블라우스가 빨갛게 물들었다
무리가 된 사람들은 광기에 휩싸였다
옆집 아저씨도 그 무리 속에서
눈동자 번득이며 칼을 갈고 있었다

추모관 뜰에는 당시 그 지역에서 학살된
수만 명의 뼈가 안치된 공동묘지가 있다

그 주위로 유독 비가 자주 내려
날카로운 초록이 옆으로 위로 불쑥불쑥
칼처럼 허공을 가른다
그 자리에서 소스라쳐 고개 돌리면
뭉게구름도 쌓여 있는 흰 유골만 같아
두 손을 모아야 한다

---

*4월은 제노사이드 추모의 달이다. 1994년 4월~7월 르완다 후투족(다수) 강경파가 투치족(소수) 및 온건 후투족 80여만 명을 100일 동안 대량학살했다.

주머니

날마다 사무실 앞을 지나가는 사람
제노사이드*로 시곗바늘 멈춘 사람
외투며 바지 주머니가 뭔가로 가득 차
올록볼록 튀어나와 있다 걸을 때마다
삐죽 나온 녹슨 못들로 옷섶이 긁힌다

무엇이든 주워 넣고 보는 편집증일까
더 이상 잃어버리고 싶지 않은
마음만 남아 손을 뻗게 하는 것일까

그의 주머니도 비워질 날이 올 거라고
물끄러미 바라보고 있노라니
내게도 기우고 꿰맨 주머니가 있다는 걸
새삼 느낀다 불룩한 주머니 속
버리지 못해 꾸역꾸역 밀어 넣은 감정
바가닥거리는 자존심과 자질구레한 슬픔들

그의 주머니나 나에게만 보이는 주머니나

너덜너덜한 모습이 닮아 있다
그는 늘 히죽히죽 웃으며 다니는데
그러지도 못하는 나는 무표정을 덧댈 뿐이다

모퉁이 돌아간 그가 주머니 뒤적여
그림자에게 못 하나 건넨다

---

*국민, 인종, 민족, 종교 따위의 차이로 집단을 박해하고 살해하는 행위.

공항 공황

르완다에 와서 번번이 공황처럼 공항을 앓는다
이별과 환송에 의해 갑작스럽게 생기는
불안 상태다

공항 입구 검색대에서
두 팔을 학 날개같이 펴면
보내야 다시 온다는 기약도 스캔이 될까

훈련된 개들이 짐마다 코를 들이밀며
킁킁 훑어 나갈 때
나도 가슴까지 끌어들이는
바람의 야릇함을 맡아본다

출국장 옆 버번 커피 카페에서
차를 마시며 짧은 담소를 나눈다
아프리칸 티* 거품이
눈빛을 머금고 부풀어 오른다

애써 미소로 환송하며
손을 흔들고 뒤돌아서면
면역력 떨어진 마음이
손등으로 눈을 꾹꾹 누르게 한다

만나고 헤어지는 일이
내 집에서 다시 내 집으로 머무는 일인데

당분간 항생제 없는 그리움을 견뎌야 한다

---

*아프리칸 티: 커피에 뜨거운 우유 넣은 것.

그렇게 지구의 꿈은 계속된다

폭우가 내리는 르완다 오후
양철 지붕 위 황토가루가 안개처럼 피어난다
아직 과일과 채소가 소쿠리에 가득한데
장사를 접어 머리에 올리는 여인,
등에 업혀 잠든 아기가 기우뚱댄다
아기는 제 몸을 여기에 두고
꿈속 어딘가에서 한 생을 사는지
볼과 입을 오물거린다
여인이 처마 밑에 서서 비를 피해도
허리 아래가 다 젖어든다
발등으로 빗물이 톡톡 튕기자
흠칫 깨어나는 아기,
크고 까만 눈동자
지구가 우주에서 감았다 떠진 것처럼
또렷이 빛난다 아기는 아직
꿈을 꾸는 세상이 이곳인 걸 모른다
빗줄기는 그치지 않고
점점 억세게 쏟아진다

제2부

은데라의 저녁

 산골 은데라 마을이 색색 차려입은 사람들로 환하다 신부 동네에서 결혼식 하는 첫째 날 나뭇가지마다 별인 듯 반짝이는 알전구들 하얀 드레스와 빨간 나비 타이를 화사하게 비춰 준다 중앙 의자에 앉은 신랑과 신부 주위로 여자 들러리와 남자 들러리들 옷깃 스치면서 분위기가 달아오른다 미색 양복이 새끼 밴 암소 두 마리를 신부 집에 예물로 건넬 때 울긋불긋 차림의 하객들 더 줘라, 그만큼이면 됐다, 흥정 줄다리기에 끼어든다 가끔씩 웃음소리가 와르르 우무이엔지* 담을 넘는다 신부 아버지는 시원섭섭한 듯 하객들에게 선물 나누어 주는 신부에게서 눈 떼지 못하고 신부 어머니 손수건도 펑 젖는다 전통 무예단의 신명 난 춤 장단에 어린 들러리는 잔디에서 뒹굴며 키득댄다 튤립 같은 분홍드레스 너머 검은 양복 들러리들, 밤의 지참금인 듯 가축처럼 서 있다 결혼식은 끝날 줄 모르고 간간이 마주 보는 신랑 신부의 눈빛만 신방에 든다

＊우무이엔지: 작은 가시가 있는 선인장 종류. 동물을 못 들어오게 하는 담장 역할을 한다.

부추꽃을 아시나요

그녀가 한 줌 묶어 건네준 건데요
어쩜 그리 향이 진할까요
부추 사이 한 줄기 꽃대가 올라와
자잘한 하얀 봉오리들 매달듯
온전히 내게 와 미소가 된 그녀이지요

밤이면 부추꽃도 불 끄고 눕는 사람처럼
꽃 이파리 오므려 잠을 잔대요
어두우면 스르르 눈이 감기는 꽃이래요
그러다 해가 나면 부스스 기지개 켜며
꽃잎을 열고 상큼한 아침 인사를 해요

부추꽃이 우리네와 닮았다는 걸 알려준 그녀,
르완다에서 만난 지 육 년이 되어가요
꽃 위를 노니는 나비만큼이나 고운 사람
그러니 멀리에서 어렴풋이 다가와도
향기로 알 수 있어요

가끔 들녘에 홀로 서 있는 기분이 들 때
오늘 같은 참 좋은 마음을 받아 들면
나도 그대에게
결 고운 바람결로 스쳐 가는
사람이기를 바라봅니다

무산제 가는 길

무산제*에는 화산국립공원 고릴라 서식지가 있다
우간다 DR콩고 르완다 세 곳에서 오를 수 있으나
고릴라 보호로 입장 인원을 제한해
대기자가 일 년 후까지 예약되어 있다고 한다
연구한다며 구경한다며 찾아드는 사람들에 밀려
고릴라들도 불편해할 듯싶다
나 또한 그 심기를 살피려 가는 사람이 아닐까
조심스러운 마음을 몰고 무산제 가는 길,
산 능선을 돌아 계속 오르막길이다
높고 낮은 능선을 따라
지붕 다닥다닥 맞댄 마을을 지나면
바나나 풀 빼곡한 골짜기가 나온다
우기의 소나기 잠시 그치자
무지개가 산과 산의 지름길처럼 이어져 있다
그러나 질러가는 상상도 잠시뿐
다시 먹구름 몰려오면서 천둥소리 들린다
마치 벌떡 일어선 고릴라가
가슴을 손으로 두드리는 소리 같다

문득, 폭우 속에서 자동차로 대관령 넘어가다
디스크 삼발이 이상으로
멈추지 못해 아슬아슬했던 오래전이 떠오른다
어쩌면 국립공원도 기계문명에 의해
고장이 나는 중일지도 모른다
고릴라는 싸움 아닌 평화를 위해
제 가슴을 두드린다는데,
어쩐지 나는 나를 위해서만
내일을 두드려왔다는 생각이 든다

---

*무산제: 르완다 수도 키갈리 중심으로 서북지역.

먼지 거인

르완다 1호 고가도로 공사 중이라
흙먼지 일어 앞이 보이지 않는다
멀리서 보면 마치 램프에서 빠져나온 거인처럼
먼지에도 울퉁불퉁 근육이 있다

모래 퍼 나르고
시멘트 포대 쌓아둔 쪽으로
트럭 짐칸보다 더 길쭉하게 나온 철근 묶음이
텅텅텅 빨려들어 간다
그 안 인부들이 맨손으로 모래와 시멘트 섞고
삽질을 하고 있겠지만,
밖에서는 요란한 주문에
기둥들이 솟고 있는 것만 같다
마법이 더디게 키갈리 시내를 관통하며
허공에 길을 내는 것이라고
차창으로 내다보게 된다

초행길의 사람이 본다면

먼지 뒤집어쓴 근처 건물들은
마력으로 완성되어가는 조각으로 보일 것이다
도무지 가라앉지 않은 거대한 먼지가
선명한 공사 중 푯말에서부터 일고 있다

누군가 가서 슬슬 문지르기라도 해야 할까
내 안의 소원도 헤아려보게 되는 한낮이다

환전

환전할 때
지폐 한 장이 더해지거나
모자라기도 한다

지폐 계수기가 몇 번 돌아가도
백 장 묶음에서 한 장이 빠진다
다시 넣었다 뺐다 수차례 반복하고서야
숫자 100이 뜬다

르완다 사람들은
주머니 자체가 지갑이라서
구겨지고 부대끼다 보면
지폐끼리도 정(情)처럼 곧잘 달라붙는다

그 얼룩덜룩한 숫자도
나라마다 서로 다른 생활이 교환되는 것이리라
매일 달라지는 환율처럼
마음이 보태지거나 덜어져

지구촌에 영향을 준다

르완다 시장에서 물건을 사면
경동시장이 잔돈을 거슬러 받는다
내가 웃음꽃 틔우면
소녀의 큰 눈망울이 되비쳐주는 것처럼

환전소 직원이 건네주는 우수리 동전이
수납용 접시 안에서 멈추지 않고
뱅그르르 돌고 있다

선데이 파크* 결혼식에서

 어릴 적 뒤란의 몽글몽글한 수국 망울이 야외 식장 꽃송이들로 피었다니 뜻밖의 호강이다 이른 오후 바람결이 꽃잎마다 스며들어 하얀 테이블보 위에서 향기로 번져 있다 신부와 신랑이 댄스로 화답하며 입장할 때 두 사람의 스텝이 하객들 마음을 들뜨게 한다 저들처럼 입장하던 때에는 알지 못했던 것들이 이제 보이기도 하여 진심 어린 축복의 인사를 눈빛으로 건넨다 꽃 피우는 날들이 뿌리와 줄기의 배려라는 걸 알아가길, 아기의 미소가 행복을 터주는 물꼬이길 아무렴 축하의 말들은 허공을 떠다니지만 말고 오롯이 저들 품에 안겨라 그래라 신랑 신부 친척들 빙빙 돌아가며 춤추고 신부 드레스 어깨끈 아슬아슬 오르내린다 검은 바탕에 보라색도 하얀색도 둥실둥실 어울린다 수국처럼 두근두근 시간이 가고 있다

---

*선데이 파크: 넓은 정원 이름으로 르완다 결혼식은 신부 측에서 하루, 신랑 측에서 하루, 예식 시간은 5~6시간 정도 소요된다.

키미롱고 시장*

  열대 과일들이 좌판마다 색색의 조명등처럼 켜져 있다 좁은 사잇길을 걷다 보면 농산물만으로도 이웃 나라로 여행 다녀온 듯하다 케냐 우간다 에티오피아에서 건너왔다고 바구니 가득 담겨 정갈하다 각자의 중심이 모두를 받치고 있어서 높이 쌓여 있어도 무너지지 않는다 시장이 상인들 생활을 받쳐 주듯 오가는 사람들도 활기에 들려 있다 마음대로 이것저것 골라내도 흔들리지 않는 미소의 주인, 무중구*라고 가격 높여 불렀다가도 스와힐리어로 다시 물으면 친근한 값으로 손을 맞잡는다 주말에 있는 딸 결혼식이며 소소한 소사(小事)까지 들려주다 덤까지 얹어준다 자주 오라고 손 흔들 때 와자한 좌판들도 덩달아 흥겨워진다 시장바구니가 꽉 차도 가벼운 건 눈인사들이 대신 들어주기 때문이다

---

*키미롱고 시장: 르완다 대표적인 재래시장.
*무중구: 외국인.

냐루타라마 테니스장

가끔 들러 식사하는 스포츠센터
테니스 경기 보는 재미도 곁들여져 있다
녹색 티셔츠가 라켓 휘두르는 소리에
공은 벌써 코트를 가로질러 경쾌하게 튄다
주고받는 횟수가 더해질수록 활력이 넘치는 경기
단순 반복 리듬이 이탈할 때의 쾌감
라인을 넘지 않게 쳐보려는 저 몸짓

라켓의 각도와 공의 방향만으로도
됐다 하는 순간이 있지만
엇나가는 경우도 종종 있다

사람과의 관계도
러브와 러브 사이 스코어처럼
균형을 유지하다가 변화와 도약 앞에서
서로 멀어지는 것인지도 모른다
너의 결정이 내게는 번복할 수 없는
선택이 되기도 하는 것,

그렇게 모든 것이 끝났을 때

우리가 인생이라는 룰 안에 있었다는 걸 알게 될까

게임이 종료됐다

피부는 검지만 마주치는 손바닥은 하얗다

나도 가방을 주섬주섬 챙긴다

햇볕만 남아 네트 그림자를 리턴 서브하고 있다

마노* 미용실

하얀 페인트의 벽이 의자 네 개를 감싸고 있다
앞면 흐릿한 거울 속
헤어스타일 사진들이 이국을 더 이국답게
연출해 놓는다
매니큐어 울긋불긋 바른 손톱이 허공에서
가위질을 서툴게 몰아간다
입술 두툼한 미용사가 간간이 들려주는 말을
여자아이가 귀퉁이에서 쪼그려 앉아 듣는다
르완다 내전으로 부모 잃고 자신은
겹겹이 쌓인 시체들 속에서 눈을 떴다고 한다
어렵게 미장원을 열었는데
벌이 없는 남편이 아이와 그녀를 두고 집을 나가버렸다
물끄러미 엄마를 쳐다보는 아이가 눈을 비빈다
세 시간째 손님 두피까지 팽팽히 당겨
짧은 머리카락에 색실 감고
실타래 여러 줄기로 따 내려가고 있다
꼬챙이로 긁어가며 붙여두는
레게머리가 엉덩이에서 치렁거린다

마무리한 미용사가 손님에게 거울을 보란다
그러자 이리저리 머리 모양을 돌려보더니
엄지를 세운다 모토택시 세워진 밖으로
저녁해도 놀빛 칭칭 감아 땋아 늘이는지
낮은 건물 사이로 어긋나게 엮여 있다
마노 미용실 미닫이문이 삐거덕거리자
아이가 벌떡 일어서 두 손에 흰 천을 든다
손님 목 앞에서 방사형으로 펼쳐질 때
아이의 눈동자에서 넓은 흰 궁전이 비친다

―――――――
*마노: 넓은 궁전, 저택.

모토택시

빨간 초록 노랑 헬멧들이 둥둥 도로를 가르고 있다
목적지 향해가는 유속의 이동이다

골목에서는 점퍼로 몸 불린 핸들이
합류하듯 빠져나오기도 한다
배기통에서 세차게 넘쳐나는 검은 연기,
앞뒤를 넘나들며 흩어질 줄 모른다

뒤에 앉은 손님이 짐 한 보따리 끌어안는다
옆 모토택시 운전자는
뒤에 탄 손님 허리와 엉덩이에 가려
발판 위 까닥이는 장화만 보인다
타이어가 구명 튜브라도 되는 양
양팔에 하나씩 낀 헬멧도 있다

갓길에서는 국제학교 학생이
교복 주머니에서 동전을 헤아려
모토택시 삯을 치르는 중이다

스콜이 쏟아지면 손님과 기사는
처마 아래로 숨어들어 그치길 기다릴 것이다
비가 멈출 때까지 저들은 붙박이다

오토바이 굉음도 젖어 든 도로를 폭우가 휩쓸고 간다
매연과 먼지와 소음을 흘려보내듯
샛길로도 물길을 튼다

와당탕 퍼부어진 도로가 산뜻하다
헬멧들에도 윤기가 자르르 흐른다

키갈리* 공항을 바라보며

착륙하는 비행기 불빛을 본다
유도등 따라 내려서는 게
이제 막 도착한 설렘 같은 거라면

세상에 태어나는 것도
명(命)으로의 착륙은 아닌지,
막막한 밤하늘 가르며 날고 있을
아직은 국적 불명의 인연들

공항은 하루에도 수십 번
이륙과 착륙이 반복된다
만나고 헤어지는 순환처럼
누군가 세상에 나오면
누군가 세상을 뜬다

우주는 죽음에서 삶을 내려보내는
관제탑만 같다
모든 게 잠시일 뿐이라는 듯

그믐에서 시작한 달도
밤마다 유리창들 건너와
곧 이륙할 이들을 돌아보고 있다

───────
*키갈리: 아프리카 르완다 수도이며 공항 이름.

통증

후예 커피농장 둘러보고
언덕 내려오다 발을 헛디뎠는데
발목 부어오르고 통증이 심하다
다음 날 아침
카치루 킹 화이잘 병원*에 갔다
오전 내내 지루하게 기다린
오후가 되어서야
배 불룩 나온 의사는
느릿느릿 X-Ray 사진 들여다보며
발목뼈에 금이 간 곳을 가리킨다
나이 들수록 뼈에는 여기저기 구멍이 생긴다나
통증이란 스스로도 알지 못하는 제 안 구멍이
구슬프게 소리 내 몸을 울리는 건 아닐까
깁스한 후 목발 짚고 서니
까닭 모를 슬픔이 올라온다
집으로 돌아오는 길
르완다 내전으로 인한 제노사이드 때
한쪽 다리 잃었다는 사내

오늘도 손 벌리고 그 자리 앉아 있다
그에게도 보이지 않는 다리의 통증이
평생 몸을 피리처럼 불어가는 건 아닌지
남의 일 같지 않아
지폐 한 장 손에 쥐어준다
바람이 도시의 그늘을 걸터타고
휘익, 피리 불며 지나간다

---

*카치루 킹 화이잘 병원: 르완다에서 가장 규모가 큰 병원.

즐거운 전염

코로나바이러스가 기승을 부리던 시기
르완다는 공항을 닫아걸었다
간간이 통제를 풀 때
입국하는 이를 맞으러 나간 적 있다

키갈리 공항 커피숍에 함께 앉아
주문하려는데 다가온 직원은 빈손이다
메뉴판을 달라 하니
저만치 걸어가 다른 테이블 옆
전체 메뉴가 적혀 있는 배너를
거치대째 번쩍 들고 와 옆에 세워 준다

마치 내 컴플레인에 대한 입막음 같다고 할까
웃지 못할 분위기를 씌워주는 기재라고 할까

보이지 않는 것이
보이는 모든 것을 통제하는 때였으나
서로 가려진 입으로

조금 멀찍이 떨어져 앉은 자리까지
다행히 웃음소리는 옮기 쉬웠다

우리는 꼼짝없이 웃었다

건축새 이싸안디*

학교 앞 부지에 공원 조성 중이다
곳곳에 화초 심고 잔디 입혀 제법 화사해져 있다
녹조 꼈던 연못에도 물 흘러들게 하고
수로를 트니 깨끗한 새소리들이 흘러넘친다
그리고 얼마 되지 않아
연못가에 줄지어 선 야자수 줄기마다
둥지가 들어서기 시작한다
여린 나뭇가지와 이파리 물어와 지은 게
어느덧 서른 채가 넘는다
대롱대롱 매달려 있는 집들,
수컷은 삐죽삐죽 삐져나온 것을 부리로 잘라내거나 엮어
복잡한 구조로 만들어간다
동글동글한 집안에는
여러 개 작은 방도 있다
어느새 암컷에게 준공 승인을 받았는지
이싸안디 초록 깃털
날갯짓할 때마다 반짝인다

---

*이싸안디: weaver bird, 멧새과.

제3부

새벽 세 시가 오전 열 시를

대처에서 뻗어온 전신주 선들은
샛길 곁 집들을 주렁주렁 달고 있다
능선을 얽고 있는 저녁놀도
놀빛으로 뒤덮인 덩이 같다

전깃줄은 얼마나 먼 거리에서 뻗어왔을까
나뭇잎이 붉게 켜진 것처럼
끝이 보이지 않는 너머
천 갈래 만 갈래 길들을
환한 불빛이 물들여 왔으리라
전봇대는 하나에서 여러 갈래로
선들을 나누고 있는데
나는 더하거나 뺄 궁리만 했던 건 아닌지

멀어져가는 전선을 하염없이 바라보다
르완다 새벽 세 시를 당겨보면
한국 아침 열 시가 딸려 나온다는 생각
하나의 안부에서 여럿이 엮여 있다

그리움에는 양력(揚力)이 있다

내가 머무르는 집의 베란다에서는
높은 언덕 깎아 닦은 키갈리 공항 활주로가 보인다

이륙을 위해 질주하는 비행기를 보고 있노라면
그리움도 시간을 극복하고 지극한 마음에 머무르게 하는
양력이 작용하는 건 아닐까
생각해 보게 된다

나도 한껏 날아오르고 싶지만
쓸쓸의 무게와 감정의 고도, 슬픔의 세기가 있어
이곳에서 주저하기도 한다

담장 넘겨보는 하와이 무궁화
가까이서 들여다보니
진한 적색의 다섯 꽃잎 한가운데에서
이륙 중인 암꽃이 보인다
비행운 같은 긴 암술대 끝이
뿌리에게는 고공이어서

한 계절의 항로가 낙화이겠다

굽이굽이 천 개의 언덕을 가졌다는 르완다
그 언덕을 따라 집을 짓고 바나나 풀을 심었다
계곡 아래 습지에 여러해살이 사탕수수 숲은
여전히 푸르르다 마치 태양의 활주로처럼

오후 햇살 사이로
진정 자유란 이런 것이라는 듯
향기와 낙화 사이 넋 놓은 내 마음 사이로
새 한 마리가 사뿐히 공중으로 솟는다

고개 들어 눈빛으로 따라 가보는데
멀리, 기별처럼
은빛 항공기가 내려서고 있다

근심

자정 넘은 이슥한 밤
고양이 울음소리가 새벽까지 이어지고 있다
밖으로 나와 보니
새끼 고양이가 담장 아래에서
애타게 위를 올려다보고 있다

가까이 다가가 올려주려는데
날래게 도망가고 만다
의자 놓고 막대기 세워주었지만
갸우뚱 바라보다가
있는 힘껏 벽을 타고 오르다 미끄러지고
미끄러지고

내게도 쉽게 들어갔으나
빠져나오지 못했던 감정이 있었던가
근심은 그 감정 안에서
오르다 미끄러지기를 반복하는 일이 아니었을까

날이 밝아올 무렵 유리창으로 내다보니
고양이도 내 마음을 어지러이 만든다는 걸 알았는지
그사이 사라지고 없다
나나 고양이나
근심이 어둠 녹듯 사그라지는 아침이다

추억협착증

세 들어 살던 신혼 시절
그 골목은 수다로 아침나절이 지나곤 했다
이 집 저 집 이 댁 저 댁
너무 가까워져서 웃음도 새고
소문도 흙을 뚫고 나올 정도였다
서로 차지하고 있는 감정이 심히 붙은 탓이었다
신경과 뼈도 그와 같을까
척추협착증, 사십여 일 내내 앓고 있다
내 몸조차 저리고 당겨서 내가 아니다
윌리엄병원 가는 울퉁불퉁 진흙 길
걸음 뗄 때마다 흙 묻은 신발도 무거운 짐이다
겨우 걸어가 병원이 지척인데
무슨 행사를 하려는지 바리케이드 치고
검은색 군복 경찰들이 막고 있다
돌아가라 가리키는 손바닥만 하얘서
이를 어쩌나 나도 잠시 하얗게 질린다
간신히 진료실에 닿아 기다리는데
의사가 불룩한 배부터 문을 열고 들어와 진찰한다

나이 든 간호사의 주사 후 꾹 눌러준 휴지에
저녁해가 스며든다 시원찮은 몸도 진흙 길도
소독 거즈 없는 병원도 붉게 물들고 있다
하얀 벽 타던 도마뱀이 창문 틈새로 빠져나갈 때
통증도 몸 밖에 잠깐 나가 있는 듯하다
누워 있는 내게 병문안 올 사람도 없어
저적하고 외롭다 보니
그 옛날 새던 웃음이나 소문의 모서리가
이제야 다 느껴진다 새록새록
추억협착중이다

슬픔의 단위

마음도 전류처럼 흐르는 걸까
생각이 불현듯 오랜 친구에게 가닿아
전화를 하게 되었다

지난번 소식 나눌 때만 해도 별일 없었는데
지난달에 미망인이 되었다며
담담하게 슬픔을 내게 흘려보낸다

두 손 맞잡아줄 수 없는 먼 거리에 있는 지금
어떤 위로로도 위안이 되지 않을 것 같아
잠깐의 침묵에도 저려온다

자식이 있어서 평정이 된다며
자식 사는 곳 가까이 가려
집이며 세간을 정리하고 있다고
태연한 척한다

마음이 불완전하여

누전되듯 새는 게 눈물일까
내 목소리는 친구에게 밝게 켜 가는데
연신 흐른다
나의 암페어가 자꾸만 새고 있다

너는 좋겠구나

르완다까지 도착한 카톡 알림음이
솔숲 통과한 산바람 소리 같다
이 가을, 친구가 팔순의 친정엄마와
강원도 바닷가로 '한 달 살이' 하러 간단다

마을 저녁 불빛 마음에 들여놓고
그윽한 파도 소리 베고 잠들겠다
키 작은 상다리 밥상 마주하고
싱그런 쌈을 서로 입에 넣어주겠지

자주 넘어지려는 노모 손 잡아주며
어릴 적 자신을 일으켜 주던 손을 떠올린다고 한다
머리카락 하얀 엄니와 나란히 누워
별을 세고 있으려나
지금도 기억하고 있다는
시월의 마지막 밤을 모녀가
콧노래로 불러대고 있을까

잘 지내다 오라고 답장 해주고 나서
잠자리에 누워 드는 생각,
어쩌면 우리는 '한 달 살이' 하듯
수명대로 일생을 체험하는 여행 중인 건 아닐까
몸이라는 거처에서 일정 기간 동안 거주하다
본래 죽음 저편으로 돌아가야 하는 '살이'

문득, 나도 잘 지내고 있다고
꿈속으로 메시지를 띄우고 싶어졌다

추억도 향취

초저녁
현관문 여니 향기가 후욱 몰려온다
이웃집 천사의 나팔꽃이 밤에 흠뻑 취했는가
문마다 다 열어
그 집 마당 들어차 있는 향내를 들인다
농농하게 감도는 거실
내 호흡도 곱다

순간 팔을 따끔 무는 느낌,
어느 틈에 모기 몇 마리 와 있다
방충망 어디를 뚫고 왔는지
웽웽 여기저기서 떠돈다
문득 추억도 향취가 아닐까,
과거에서 온갖 기쁨과 설렘이 내뿜은 잔상들
그러나 스쳐 가는 그 옛일을
쏘아 댄 상처도 따라왔으니

모기 천지인 아프리카에서

활짝 문을 다 열어
물린 부위 긁어대는 일
모든 행복에도
아무 때나 바람결에 섞여온 것을
감내해야 한다는 걸
모기를 찰싹 때려잡으며 깨닫는다

그러니까 오늘은
추억이 분분히 날려
마음속 모깃불 피우는 밤이다

옥수수

르완다 무하지 호수 상류로 가는 초입
두건 두른 아낙네가
화로 속 숯불을 뒤적인다

불룩한 앞치마 주머니에는
꼬깃꼬깃한 지폐가 삐죽거리고 있다

숯이 다시 벌겋게 달아오르자
생옥수수들을 통째로 망 위에 올린다

타닥타닥 수염과 겉껍질이 타들어 가며
연기를 피워 올린다 그 사이
오동통하니 방싯방싯 터지며
고슬고슬 익어가는 알갱이들

입맛 당겨 두 개를 산다

한 알 떼어 먹으니

한여름 청정한 햇볕 맛이
한 알 더 뜯어 무니
입속에서 탁탁
고향 들녘이 터지고 있다

오리들

넓은 호수 위 오리 다섯 마리 줄지어 유유하다
물빛이 한가롭게 하늘을 들였는지
하늘이 물가로 몰려와 떠 있는지
흰 구름이 오리처럼 되뚱거리며 흘러간다

문득 떠오르는 옛일,
초등학교 오가는 길 중간의 오리농장
하굣길 들러 친구들과 앞 개울까지 따라가며
어서 가자 꽥꽥꽥, 놀다가
장에서 오시는 엄마 만나 졸졸졸
뒤따라 집에 왔던 길

물고기 잡으려 주둥이 담방대는 것처럼
그 시절은 아득한 과거에서 잡힐 듯 말 듯하다
엄마는 그사이 하늘을 따라갔다

나는 느린 물결의 무하지 호수*를 바라보다
조롱조롱 어린 시절 친구들

뿔뿔이 흩어져 어디쯤 흘러갔는지
그리워 눈을 떼지 못한다

―――――――
*르완다 동서 방향으로 누워 있는 37km 호수.

상추

르완다로 올 때 가져온 상추씨
화단 한쪽에 뿌려놓았더니
이파리 넓혀가며 자라고 있다
땅속 싱싱한 어둠을 화르르 피워내듯
대여섯 포기에서 몇 끼 분량이 쑥쑥 나온다
씨는 못 속인다더니
토양 다르고 햇볕의 강도가 달라도
꿋꿋한 한국 여름 상추다
이렇게 내게 오기 위해
씨앗 속에서 생장을 뭉쳐놓고 얼마나 견뎠을까

어릴 적 집 앞에서 혼자 흙장난할 때
종일 시들해 있던 나를
일으켜 세워주던 엄마의 손
그 손 내밀어 당겨주는 힘으로
상추가 공중을 꼭 잡고 일어서는 것인지
손바닥만 한 상추 끝을 맞잡고 따준다
물방울 탈탈 털어

상추 이파리 입안에 밀어 넣자
눈물이 찔끔 나온다
내 속에 주저앉아 있던 여린 마음이
쓸쓸함을 털어버리고 우뚝 일어선다

르완다 보름달

어릴 땐 달이 따라오는 줄 알았어요
이모와 마실 다녀올 때면
대문까지 내 뒤 바짝 따라 걷던 달

저녁 식사 후 뜰에 나와 머리 위 달을 봅니다
가만가만 내려다보며
빙그레 그저 두둥실

어릴 적 둥근달이
멀리 이 타국에도 슬그머니 따라 왔나 봅니다

이모도 저 달을 보며
졸졸 함께 다니던 조카를 생각할까요

달 속으로 걸어가
오래전 그날로 나와볼까요
구석에 쪼그려 앉아 훌쩍대는 꼬마가 있을까요

그날이 저 달 속에서 지켜보는 거라면
나는 아직도 세상 마실 중이라고
말해주어야 할까요

손등으로 콧물 훔치며 활짝 웃는 꼬마처럼
나도 눈살 한껏 펴면서 코를 찡긋해 봅니다

먼 안부

열린 창문 틈으로
깃털 노란 새 한 마리 거실로 들어왔습니다
파드닥 날갯짓하다 전등 위에 내려앉아
울어댑니다

창문 너머 전깃줄에 앉은 새들도 짹짹
전송해 줍니다

저들도 소리로 송수신하고 안녕을 공유하는지
유리 하나 사이로 수신과 발신이
한동안 계속됩니다

창문을 활짝 열어주었더니
음표만 남기고 포르릉 날아갑니다

내 친구들도 멀리 이국땅으로 날아온 나를
까똑까똑 부르곤 합니다
나도 일일이 챙겨가며 답장을 합니다

그러다 문득,

내가 갇힌 것인지
친구가 갇힌 것인지
유리 하나가
눈동자에서 설핏 흐려집니다

마음이 돌고 돌아

점심시간, 식당에서 르완다식 갈비탕을 먹다가
문득 사무실 청소하고 있을 에릭이 마음에 걸린다

마음이 쓰일 데가 있다는 것은
누군가에게서 쓰여온 마음이 이제야 내게
와주었다는 것

에릭은 우리에게 오기 전
일일 노동자로
팬데믹 기간에 일이 없어 시골집으로 간다며
사무실로 인사하러 왔었다
기운 없는 눈빛으로
500ml 페트병에 든 물을 단숨에 마셨다
허기 채우듯 물만 잔뜩 들이켜는 그가 안쓰러워
사무실 청소와 허드렛일을 맡겨
급여를 주기로 했다

가끔 그의 모습에서 얼핏,

미국에 있을 아들이 보인다
마음을 주다 보면 그 마음이 돌고 돌아
아들에게도 갈 것이라고
생각하게 된다

포장해 들고 가는 음식 냄새가
걸음을 앞서간다 내게 들어온 마음이
길을 재촉한다

이제 안녕

우리는 출발할 때부터
종착역이 각기 다르다는 것을 안다

인연이라는 객차 안에서
서로 마주 보기도 하고
차창 밖의 꿈을 함께 보기도 한다

그러나 세월은 험준한 산과 굴곡진 골짜기 지나,
수많은 종착역이 있어서
부지불식간에 내려야 할 때가 온다

이 여행에서 병(病)은
누구도 쥐고 싶지 않은 티켓,
어쩔 수 없이 죽음에게 꺼내어 보여야 할 징표다

판정을 받았어
그 말이 마지막이 되었다

기도를 잘라내고 패혈증으로
작별 인사조차 못한 채 친구는 내렸다

오랜 여정을 같이했으나
육신이 하차하면
모든 처지도
허망스러운 짐이 되어 내려야 한다

내 곁의 좌석은 엄연히 남아 있는데
누구도 앉지 않는 마음의 자리인데

친구는 없다
차창을 가득 채우는 환영(幻影)뿐이다

어미

　새끼 사자 둘은 임팔라 다리를 뜯어먹느라 눈 돌릴 새도 없다 어미 사자는 곁에 앉아 뱃가죽 오르락내리락 사냥 마친 숨 고르며 눈을 지그시 내리깔고 있다 새끼들이 포만감에 젖어들 때까지 이글거리는 태양이 나지막한 그늘을 옮겨간다

　　타랑기레 공원*을 도는 사파리 자동차로
　　사람들은 가까이서 구경하는데
　　사자는 인기척에도 아랑곳하지 않는다

　　어여 들거라 나는 배 안 고프다,
　　자식들 다 먹을 때까지 기다렸다가
　　남긴 음식을 드시는 어머니

　　이 땅의 모든 어미가 모성을 창조한 것인가
　　어미 된 나를 돌아본다

---

*타랑기레 공원: 탄자니아 국립공원 중 하나.

제4부

연민

시장에 들어서니 각종 열대 과일들
달큰한 향기를 흘리며 좌판마다 수북하다
잔비늘 조각 겹겹 달린 파인애플 더미에서
학교 난로 불쏘시개로 가져갈
솔방울 주우러 다니던
어릴 적 까까머리 동생이 스친다
겉보기는 까칠하고 단단해 보이지만
즙 흥건한 샛노란 속살처럼
속정 많고 여린 동생,
공복감을 참지 못하던 그인데
지난겨울부터 투석으로 고생하고 있다
이게 다 어머니 일찍 여의고
동생 잘 보살피지 못했던 내 탓만 같다
이제 저 잘 익은 파인애플 깎아주면
몇 조각이나 맛볼 수 있을까
내가 아프리카 먼 곳에 있어
카톡으로나마 안부 물으면
좋아지고 있다고 나를 안심시킨다

복숭아

노점상 할머니가
저물녘 낙과(落果) 같은 표정으로 앉아 있길래
바구니에 남겨져 있던 복숭아들을
다 담아달라고 했다

비닐에 넣어줄 때 시어머니 드리려 한다 하니
덥석 성한 두 개를 더 주었다

마음을 얹을 때도 덤이던가

봉지 속 복숭아들
물컹하게 가슴에 안길 때

저 둥근 것들은 서로 부딪으면서도
짓무르지 않고 곁이 되어주었으니

한 아름이란 최대한의 결속을
둥글게 모은 둘레이리라

비닐봉지를 받아 안고 오는 길
복숭아도 한물이니
이 세상 사는 것도 한물의 정(情)이겠다

교차로를 다 건너가자
저녁해에서 놀빛이 주룩 흘렀다
어스름이 베어 문 자국일 터

어머니 드릴 생각에
발걸음도 빨라졌다

부부

새벽녘 마당에 나와 잠시 걷다
하늘을 바라보니
초승달과 별 하나가 가까이 마주하고 있다
서로 지척에 있지만
저 거리가 얼마나 먼지 안다

잠들어 있는 남편과
깨어 선선한 공기 들이쉬는 나도
멀고도 가까운 사이가 아닐까

달이 너무 밝으면 별이 보이지 않듯
각자의 위치에서 서로를 빛내는
관계

화가 치밀면
유가 누긋하게 하고
슬픔이 번지면
위로가 어르는

우리는 조금씩 어두워지면서
여명을 맞이하는 나이가 되었다

밝아오려는 이국의 하늘에서
초승달과 별
마주한 둘이 평화롭다

윷놀이

르완다 한국 대사관의 설날 행사장에 갔다가
윷놀이를 본다 공중에 솟구쳤다 떨어지면
환호성과 박수가 터져나온다
그곳에서 윷가락 대각대며 던지는 손 하나
문득 아버지와 겹쳐진다

총각일 때 아버지는 멀리 떨어진 동네에
친구 만나러 가서 윷놀이를 했다고 한다
어떤 날은 모두 이겨 상품으로
괘종시계를 받기도 했다고

어느 날 막걸리 마시며 윷을 던질 때
그 동네 처녀가 눈에 들어 그날 이후 자주
친구를 만나러 가는 이유가 되었단다
윷놀이도 말을 잘 써야 하듯
그때 아버지 마음의 말판에는 어떤 수가 있었을까
나도 어쩌면
거기에서 기막힌 묘수 하나였을까

던지는 사람 기가 살아야 윷도 힘이 넘친다
윷가락에 기를 몰아넣던 아버지의 힘찬 구령 소리
으라차차!
대사관 본관에서 들은 것도 같다

김장김치

한자리에 모여 배추들 다듬고 헹궈
켜켜이 소금을 뿌려놓는다
몇 시간 지나자 뻣뻣했던 흰 속살이
유순하게 수그러들어 있다

이때부터 맛의 주도권을 놓고
보이지 않는 힘겨루기가 벌어진다
고춧가루며 갖은 양념이
각자의 입맛대로 품평으로 오간다

김장김치를 담근다는 건
말들이 버무려져 하나의 맛에 이르는 것

시댁과의 관계도 그러했다
적거나 많은 소 같은 일들,
마음에 담길 때까지의 분분(紛紛)

맛 내기에 없는 것 많은 르완다

내 살던 곳과 풍습이 다르니
복작복작했던 말의 양념이 그립다

먼 거리 SNS,
며느리의 말이 내게 섞여온다
어떻게 하여야 내 시어머니 손맛처럼
맛깔스런 사이가 될까

청동거울

오래전 노모가 설거지하고 나면
그릇 구석에 얼룩이 그대로 남아 있었다
나는 안 계실 짬을 이용해
조용히 다시 닦아 놓곤 했다

깔끔한 성격의 노친이
왜 그리해 놓는지 이해가 되지 않았는데
어느 날부턴가
내가 설거지하고 나면
며느리가 다시 닦아 놓는다

살면서 나의 눈도 간혹 슬픔에 눌리고
눈으로 받아들인 행복을 오래 보려다
시야가 흐려진 것은 아닌지
노안 수술을 한 후 컵 속을 보니
내 눈이 청동거울을 보고 있었네
얼룩이 있어도 흐릿해 보이지 않았구나
아! 노모도 청동거울 보고 계셨구나

통삼겹 묵은지찜

냄비 바닥에 썬 양파를 펴고 큼직한 통삼겹 올려놓는다
대파 숭숭 썰어 얹고 묵은지 한 포기 그 위를 덮는다
쌀뜨물에 맛술, 생강, 설탕, 들기름 섞어 재료 위에 붓고
끓기 시작하면 고춧가루 넣고 약한 불로 줄인다
뭉근히 졸아갈 때 세 겹의 층이 냄비 안을 부드럽게 감싼다
속속들이 내어준 기름에 더없이 연해지는 묵은지
이때만큼은 냄새도 니그러운 경지에 이른다
관심과 사랑을 아들에게 스미게 했듯
아들이 만들어 준 통삼겹 묵은지에는
성숙되어 순순한 정(情)이 배여 있다
묵은지찜에 짱짱한 봄 햇살 얹고
막걸리잔에 벚꽃잎 한 장 띄운다
마주 앉은 식탁에도 그윽한 봄날이 우러나 있다

시베리안 허스키를 생각하며

누구나 서로 길들면 나의 너가 된다

왼쪽 눈은 회색, 오른쪽 눈은 갈색을 가진
입과 턱이 날렵하게 생긴 수컷이었다
태어나 일 개월 되었을 때 만나
순량하게 길렀더니 거실 창 앞에 앉아만 있어도
의젓하고 듬직했다

쫑긋 서 있는 귀는 삼각자 꽂아둔 것처럼
소리를 정확하게 재곤 했다
전진하는 본능이 틈만 나면 목줄 끌기도 했지만
식사와 간식은 항상 정량이었다
더 탐하지 않고 돌아서는 절제,
사람의 게걸스러운 욕망에 비하면 덕행이었다
모든 화의 원인 중 하나가 잉여였던 것처럼
지금 세상은 불균형과 불공정에 매여 있다

내가 르완다로 떠나왔는데도

늘 이층에서 내려오던 그 계단을
아침마다 물끄러미 올려다본다는 허스키,
울컥 보고 싶다
지금껏 끌려다닌 시간 대신
네가 끄는 썰매를 타보고 싶다

오이와 할머니

르완다 동네 입구
앉아 있는 노인 얼굴과
좌판의 한 무더기 오이가 닮았다
자글자글 주름에 들이는 햇볕도
되는 대로 쌓여 높이가 된 오이들도
모두 얽혀 있다

어릴 적 나의 할머니는 여름 밭에서
오이들 따다가 반찬을 만드시곤 했다
넝쿨처럼 할머니에게 회회 감겨
졸졸 따라다녔던 나

할머니가 길쭉하니 잘난 오이들 골라
읍내에 팔러 나가시면
나와 오이밭은 심심한 오후를
톡, 반으로 부러뜨렸다

저녁에 돌아오신 할머니

잊지 않고 노각 따다 고추장 양념 삼아
밥상을 차리셨다 빛이 누렇게 된 보름달도
상동상동 썰렸을까

한 끼 배부른 그날 밤이
어느새 종이봉투*에 들어 있다
껍질 두껍고 질긴 르완다 오이지만
옛날을 무쳐 먹기로 한다

찻잔 받쳐 들고 베란다에 나와 보니
할머니 밭 노란 오이꽃들이
밤하늘에도 반짝 피어 있다

---

*종이봉투: 르완다는 비닐봉투 사용이 금지되어 있다. 한 장에 120원 정도임.

심지(心志)

풀어서 준다
아버지가 쓰고 아들이 쓰고 딸이 쓰고
쓰고 쓰고 또 쓰고
마지막 남은 심지가
화장실 선반에 세워져 있다

치우려 손을 뻗어 잡다가 문득
엄니 생각,
한때는 볼륨이 있는 여자였으나
말년에는 너무 가벼워져
마음 심지만 남은

가진 정(情)을 몇 칸씩 뜯어 내주면서
가족의 뒤를 책임져 왔을

언젠가 한쪽 무릎 세워 앉은 채
볕 드는 창가에서
멍하니 기억을 거꾸로 되감기도 하셨을

누구나 시간을 풀어 쓰다가
끝에 다다르면
턱, 마지막 숨을 끊어내야 한다

그런 줄 알면서도
엄닌, 다 풀어 내주었다

나비

따뜻하고 습도 높은 유리온실이었어요
그 안의 나비는 아롱이다롱이 많기도 했어요
꽃에 앉았는가 싶어 다가가 보면
나비들 빛깔이 자꾸 바뀌었어요
날갯짓마다 햇살이 스며들어 파들거렸어요
날아본 적도 없는 내가
무지갯빛으로 너울거렸어요

보자기 목에 두르고
마당에서 날려고 했던 적이 있어요
두 발로 폴짝 구르면서 노랑나비가 되었다가
제비나비가 되고 왕나비가 되어
애호랑나비 곁에 앉기도 했어요
엄마는 먼지가 난다며 날개를 풀어줬어요
하는 수 없이 마루에 앉아 올려다본 하늘,
벚꽃잎들이 바람에 나부끼며
활활 날아올랐어요

유리온실 다녀온 꿈을 깨면
꽃 위에서,
한 쌍의 더듬이 세운 채
겹눈을 떴어요

종려나무에 깃들 때

담장 따라 심어 놓은 나무와 화초로
날벌레들 까맣게 몰려들어
어쩔 수 없이 살충제를 뿌렸다
모처럼 들끓던 모기와 하루살이가
가버린 고요한 밤이 되었다
그런데 아침에 나가보니
작은 새 한 마리가 발 오므린 채
바닥에 떨어져 있었다
파닥대며 독과 사투했을 비극,
깃털 속을 만져보니
아직 온기가 가시지 않았다
두 손으로 받쳐 대문을 걸어 나왔다
종려나무 그늘 아래 잔디 걷어내고
붉은 흙 파내 고이 묻어주었다
작은 새가 종려나무 줄기로 들어 올려져
가지까지 포드닥 뻗어가
푸른 제 몸 얻어 나부끼길 바랐다
나 또한 이 세상에 깃들 때

어느 기도가 뒤따라왔던 것처럼
공손히 두 손을 모았다

별이 빛나는 밤

반 고흐 미술전에 가는 날
로드 아일랜드 센터, 워싱턴 DC
바람이 많이 불었다
고흐의 해바라기가 입구 벽면에서
바람결에 흔들린다

웅장함이 압도하는 미디어아트,
그래 봐야 자본주의 욕망일 텐데
고흐의 붓이 나를 듬뿍 묻힌 것처럼
왠지 뭉클하다
눈물이 고이는지 물감 색들이
간혹 흐려지며 흘러내리곤 한다
그러나 한 사람의 고달픈 생의 무게가
내게 같은 질량이지는 않았다

빈 의자의 허기
까마귀 떼가 높이 뜬 밀밭
고흐의 귀 한쪽은 지금도 어딘가를 듣고 있을지

그 상처가 빛나는 별에게 가닿은 것인지
두고 온 날들은 타지의 방에 잠들어 있다가도
붓꽃이며 아몬드 꽃으로 조용히 깨어나
나를 들여다보곤 한다

나는 미술을 잘 알지 못한다
진품인지 가품인지 모르는 눈으로
작품들을 돌아보며
알 수 없는 기분에 휩싸인다
그저 뜨거운 무엇이 가슴을 데워 놓고 간다
고흐의 별이 빛나는 온도일지도 모른다

슬픈 간이역

수정테이프로 가린 침목에 숨었다가
신경이 긁히는 소리가 날 때마다
접히고 짓눌려 있었다고
흠칫흠칫 일어난다
붉으락푸르락 화가 치밀 때마다
기력이 부친다
참으로 갱년기는 우세스럽다
이것저것 트집 잡히기만 기다린다는 듯,
그러나 목적지 없는 사고(思考)의 가난
저 슬픈 간이역
아직도 고치거나 지울 게 남아서
기차는 나이를 덮으며 간다

해설

따뜻함과 쓸쓸함의 쓰기

신상조(문학평론가)

1.

 오랜 시간이 지나도 낡거나 진부해지지 않는 건 아마도 자기 삶의 경험과 기억이 유일하지 않을까? 서정시가 본래 시인 자신의 고유한 경험과 기억을 표현하는 언어 예술로서의 성격이 강함은, 시작(詩作)의 원초적 동력이 스스로의 삶에 대한 몰입임을 방증한다. 이 같은 서정시의 모범이라고 할 만한 『르완다, 나의 슬픈 간이역』은 『관계』, 『장미는 어느 길로 꽃을 내는가』에 이은 허효순의 세 번째 시집이다. 제목에 사용된 '슬픈'이라는 관형어가 섣부른 인상을 불러올 수도 있으나, 르완다에서의 5년이 "하루하루 희망이 생겼다가 혹은 절망하기도 하지만,//이곳은 늘 햇볕이 밝고 밝아서/마음 가득 햇볕을 먹고 산다."라는 시인의 고백에서 느낄 수 있듯, 시집의 전반적 분위기는 밝고 따뜻하다. 이는 현재 United African Institute of Technology(UAIT) 교양학부 한국어 교수로 재직하면서 선교 및 봉사 활동을 펼치고 있는 시인의 기독교적 삶에서 비롯된 것으로 보인다. 또한 말씀으로 천지를 창조한 신의 자녀답게, 시인의 시에서 언어는 불신과 불화로 가득한 애증의 도구가 아닌 것도 시의 긍정성에 영향을 미친다. 시적 주체와 대상이 일치하는 이른바 전통적 방식의 서정시가 행복한 서정시고 그렇지 못한 것이 불행한 서정시라는 구분을 살짝 비튼다면, 시적 사유와 언어 사이의 거리가 비교적 가까운 시는 행복한 서정에 속할 터이다.

행복한 서정으로서의 허효순 시는 사물을 향한 관심 및 일상에서의 인상적인 부분을 강렬하게 구성함으로써 삶의 본질에 대해 속 깊은 질문을 던지거나 존재론적 탐구로 나아간다. 이국에 거주한 지 5년이 지났다는 시인이 섬세하게 관찰하고 표현하는 르완다의 삶은 낯설게 느껴진다. 그러나 시인은 이국적인 그들 삶의 존재 방식을 결국 일반적인 삶으로 치환함으로써 존재 일반에 대한 사유를 수행해 나간다. "새빨간 꽃이 피는 카사바에서 캐낸 뿌리들"을 "머리에 덩이덩이 이고" 가는 르완다인들의 검은 피부에서 우리는 "정작 자신의 생은 온전히 부려놓지 못"(「태양을 이고 가는 사람」)하는 삶의 비의를 읽는다.

다음으로 허효순의 시는 삶의 구체성을 담아내는 과정이 성찰 및 자기반성으로 이어지는 특징을 갖는다. 주제 의식이 승한 시가 종종 그러하듯, 시인의 시는 사물이나 상황을 매개로 한 우회적 표현으로서의 진술이 풍부하다. 진술은 시적 대상인 객체를 매개로 한 비유와 상징으로서의 우회적 언술이다. 많은 경우 진술은 묘사와 서로 어울려 풍부한 시적 세계를 형성하는데, 허효순 시에서의 진술 역시 시적 사유의 깊이를 더하는 요소로 기능한다.

반성과 성찰이 주를 이루는 그녀의 시는 비평적 간섭을 그리 필요로 하지 않을 만큼 자기 완결성이 강하다. 시인만 남고 독자는 사라진 작금의 현대시와 달리, 허효순의 시는 독자와의 소통에서 벗어나려는 모험과 일탈로부터 거리를 둠으로써 독자와 어깨를 나란히 한다. 따라서 그녀의 시를 읽는 우리는 르완다에서 벌어지는 일상의 소소한 결들을 통해 존재론적 본질을 투시하는 과정에 흔연히 동참하게 되는 것이다.

2.

"매 순간 인간에게 유보되어 있는 것이 하나 있다. 그것은 곧 흔히 말해지는 그 어떤 시선, 즉 인간을 둘러싸고 있는 것들과 그것들 가운데 처한 자신의 상황과 고찰이다. 그는 이 사물이 갖는 중요성과 무언의 바람을 깨닫게 될 것이다."라고 말한 이는 프랑시스 퐁쥬다. 그의 말을 빌린다면 시인은 사물의 간청을 깨닫는 자이다. 시인은 사물의 이면을 끊임없이 넘보는 역동적 주체가 되어 시적 사유와 세계를 확장해 나간다. 예컨대 "공사장 구석에 뒤집혀 있는 작업화 한 짝"은 "뒤축의 힘으로 꿈을 져서 나르"거나 "고공에서 후들거리는 생활을 받"(「짝 안 맞는 한 켤레」)쳐주었던 신발이다. 고흐의 '신발'이 하이데거에게는 어느 농부의 고단한 발걸음이 응집된 사물로서 존재를 개방하듯, "진흙이 구겨 신은 것 같은"(「짝 안 맞는 한 켤레」) 시에서의 작업화는 세계에 살을 맞댄 삶의 고투를 드러낸다. 모기에게 물린 데가 몇 날 며칠 지독스럽게 간지러운 경험조차 시인은 자기 삶에 대입한다. 사람의 말에도 "긴 대롱이 있"어서 "상대방 심장에 주둥이를 박고/감정을 빨아들인다"란 깨달음은 결국 "내게도 열을 내다 고였던 마음이 있는지/돌아보게 된다"(「모기 물고 간 자리」)는 자기반성으로 귀결되는 것이다. 그런즉 성찰과 반성은 허효순의 시에서 반복되는 형식이자 가장 본질적 형식이라 할 수 있다. 「하나 되기」에 나오는 놀이기구는 어떠한가? 그것은 "호의의 탄력으로 흔들"리며 사람과의 원만한 관계를 희구하게 만드는 새로운 의미를 부여받는다.

> 유치원 복도에 동물 모양의 놀이기구들이 있다 아이가
> 올라타 움직일 때마다 스프링이 탄력을 받아 흔들린다 모

두 벽을 향해 있어 아이나 동물이나 엉덩이만 보인다 하나
같이 둥글둥글 정겹다 아이는 뒤를 탁탁 두드리면서 제 엉
덩이 들었다 놓았다 하며 흐흥 즐겁다 동서양이나 아프리
카 아이들이나 노는 모습이 똑같다

  가만히 지켜보니 올라탄다는 건, 탈것과 몸이 서로를 받
아준다는 거겠다 탈것은 무게를 배려하고 몸은 탈것의 반
동에 스스로를 내맡긴다 한 번 두 번 세 번 둥글둥글 잘도
돌아간다 하나같이 잘도 돌아간다

  사람과의 관계도 저처럼 원만했으면 싶다 합심을 못하
고 늘 둘로 나뉜 사이라면 얼마나 흥이 없을까 오늘, 일로
만날 사람을 마음에 태우기로 한다 그가 웃으면 같이 웃고
그가 악수를 청해 오면 호의의 탄력으로 흔들어주리라
—「하나 되기」 전문

유치원 복도에 놓인 동물 모양의 놀이기구가 탄 사람의 무게를 일방적으로 받치기만 한다고 쓴다면 「하나 되기」는 해석의 상투성을 벗어나지 못하는 시가 되고 만다. 그러나 시에서의 놀이기구는 "탈것은 무게를 배려하고 몸은 탈것의 반동에 스스로를 내맡"기는 '합심'의 과정을 통과함으로써 '흥'으로 충만한 고양된 정서를 낳는다.

이처럼 허효순의 시에서 사물들은 적극적으로 해석된 대상들로서 화자의 삶에 대입되어 제각각의 의미를 부여받는다. "하루에도 수십 번" 비행기의 "이륙과 착륙"이 반복되는 '키갈리 공항'은 누군가 세상에 나오면 누군가 세상을 뜨는 "순환"을 연상시키고, 마침내 "우주는 죽음에서 삶을 내려다보는/관제탑만 같다"(「키갈리 공항을 바라보며」)라는 상념을 불러일으킨다. 또한 시인은 "대처에서 뻗어온 전신주 선들"이 "샛길 곁 집들을 주렁주렁 달고 있"는 모습에서 "전봇대는 하나에서 여러 갈래로/선들을 나누고 있는데/나는 더하거나 뺄 궁리만 했던 건 아닌지"(「새벽 세 시가 오전 열 시를」)라며 삶을 돌아본다. "잘 쓰지 않는 근육운동을 해본다고" 시작한 '뒷걸음질'은 앞만 보며 속도에 취한 동안의 삶을 반성하게 만들기도 한다. 이처럼 시인의 일상은 자기 응시를 통한 자기 검열의 나날이라고 해도 과언이 아니다. 뒤로 걷기를 하다 말고 "미처 보지 못했던 사람들을,/미처 느낄 겨를도 없던 감정을,/미처 의식하지 않았던 나 자신을/오롯이 만나야겠다"(「뒤로 걷기」)라며 다짐하는 모습은 시인 삶의 매 순간이 각성의 숨찬 도정임을 암시한다.

 시인은 일상 속 사물과 경험을 매개로 생각을 벼린다. 그리고 사물과 경험이 촉발한 자신의 깨달음을 표현하기 위해 숙고한 가장 적절한 말들을 정성 들여 제자리에 앉히는 작업을 이어간다. 시는 결국 시인이 되고 싶은 모습을 닮게 되어 있다. 그렇더라도 시인의 언어는 선험적 질서 안에서 작동하는 삶의 규칙들에 단순히 비유의 옷을 입히는 데 이바지하지 않는다. 그의 시는 자신을 둘러싼 세계와 그 가운데에 처한 자신의 상황에 대한 고찰로 성실하지만, 존재의 어떠어떠함은 표면의 층위를 넘어 생동하는 이면의 세계로 도약한다. 허효순의 시가 윤리에 촉발되기보다 윤리적 미학에 충실함이 그래서이다.

3.

시인이 현재 기주하는 곳이자 이번 시집의 배경이 되는 르완다는 아프리카 중앙부에 있는 나라다. 정식 명칭은 르완다공화국(Republic of Rwanda)으로, 탄자니아·콩고민주공화국·우간다·부룬디에 둘러싸여 있는 내륙국으로 소개되고 있다. 르완다를 검색하면 '르완다 집단학살(Genocide in Rwanda)'이 먼저 눈에 띈다. 1994년, 르완다 내전 중에 벌어진 후투족에 의한 투치족과 후투족 중도파들의 집단학살을 일컫는 사건으로, 이 시집에서도 일명 '제노사이드'의 흔적이 자주 발견된다. "날마다 사무실 앞을 지나가는 사람"은 "제노사이드로 시곗바늘이 멈춘 사람"(「주머니」)이고, 시인이 이용하는 미용실의 미용사는 "르완다 내전으로 부모 잃고 자신은/겹겹이 쌓인 시체들 속에서 눈을 떴다"(「마노 미용실」)는 경험을 손님들에게 들려주곤 한다. "르완다 내전으로 인한 제노사이드 때/한쪽 다리 잃었다는 사내는/오늘도 손 벌리고 그 자리"(「통증」)에 앉아 구걸로 생계를 잇는다. 「제노사이드 추모관」은 르완다에서 벌어진 종족 갈등의 참혹함을 선명하게 인화해 낸 작품이다.

> 르완다의 4월에는 누구나 초록에 베인다
> 추모관에 전시된 사진들,
> 후투족과 투치족 종족 갈등이
> 그대로 인화되어 있다
>
> 사무실에 가끔 들르는 줄래 씨는
> 학살의 기억이 아직도 뿌리가 깊다
> 가족이 지하에 숨었던 여섯 살 그날,
> 먹을 것을 가지러 가던 엄마가
> 총에 맞아 고꾸라졌고
> 달려가 껴안던 누나도 연이은 사격에
> 하얀 블라우스가 빨갛게 물들었다
> 무리가 된 사람들은 광기에 휩싸였다
> 옆집 아저씨도 그 무리 속에서
> 눈동자 번득이며 칼을 갈고 있었다

추모관 뜰에는 당시 그 지역에서 학살된

수만 명의 뼈가 안치된 공동묘지가 있다

그 주위로 유독 비가 자주 내려

날카로운 초록이 옆으로 위로 불쑥불쑥

칼처럼 허공을 가른다

그 자리에서 소스라쳐 고개 돌리면

뭉게구름도 쌓여 있는 흰 유골만 같아

두 손을 모아야 한다

—「제노사이드 추모관」 전문

인용 시는 줄래 씨에게 뿌리 깊이 남겨진 학살의 기억과 제노사이드 기념관에 대한 화자의 감상이 교차하고 있다. 한 편의 시에 두 개의 구조가 묶여 있는 셈이다. "르완다의 4월에는 누구나 초록에 베인다"는 표현은 싱싱한 초록의 생명력이 캄캄한 죽음을 부각한다는 말이다. 줄래 씨의 기억에 따르면 광기에 휩싸인 사람들은 특별하거나 멀리 있지 않다. 어린 줄래 씨의 "옆집 아저씨도 그 무리 속에서/눈동자 번득이며 칼을 갈고 있었다"는 대목은 누구라도 광기에 휩싸인 가해자나 광기로 인한 학살의 피해자가 될 수 있음을 말해준다. "수만 명의 뼈가 안치된 공동묘지" 위로 "유독 비가 자주 내"리고, 추모관 위로 흐르는 "뭉게구름도 쌓여 있는 흰 유골만 같"다는 상황 묘사를 편하게 읽기란 어렵다. 화자는 그가 보고 있는 대상인 제노사이드의 바깥에서 그것에 대해 규정하거나 판단하지 않는다. 다만 소스라치듯 아파할 따름이다.

시인이 르완다의 풍속을 재현하고 거기서 아름다움을 추출하는 것은, 그의 시가 현재 거주하는 르완다의 본질적인 특성에서 기인함을 말해준다. "폭우가 내리는 르완다 오후/양철 지붕 위 황토가루가 안개처럼 피어"(「그렇게 지구의 꿈은 계속된다」)오르거나, 혹은 "신랑 신부 친척들 빙빙 돌아가며 춤추고 신부 드레스 어깨끈 아슬아슬 오르내"(「선데이 파크 결혼식에서」)리는 아프리카 특유의 정열적인 결혼식 풍경은 허효순 시의 평범한 일상이다.

> 산골 은데라 마을이 색색 차려입은 사람들로 환하다 신부 동네에서 결혼식 하는 첫째 날 나뭇가지마다 별인 듯 반짝이는 알전구들 하얀 드레스와 빨간 나비 타이를 화사하게 비춰준다 중앙 의자에 앉은 신랑과 신부 주위로 여자 들러리와 남자 들러리들 옷깃 스치면서 분위기가 달아오른다 미색 양복이 새끼 밴 암소 두 마리를 신부 집에 예물로 건넬 때 울긋불긋 차림의 하객들 더 줘라, 그만큼이면 됐다, 흥정 줄다리기에 끼어든다 가끔씩 웃음소리가 와르르 우무이엔지 담을 넘는다 신부 아버지는 시원섭섭한 듯 하객들에게 선물 나누어 주는 신부에게서 눈 떼지 못하고 신부 어머니 손수건도 펑 젖는다 전통 무예단의 신명 난

춤 장단에 어린 들러리는 잔디에서 뒹굴며 키득댄다 튤립
같은 분홍드레스 너머 검은 양복 들러리들, 밤의 지참금인
듯 가축처럼 서 있다 결혼식은 끝날 줄 모르고 간간이 마
주 보는 신랑 신부의 눈빛만 신방에 든다
—「은데라의 저녁」 전문

신랑이 새끼 밴 암소 두 마리를 신부 집에 예물로 건넨다. 울긋불긋하게 차려입은 하객들이 신랑더러 더 줘라, 그만큼이면 됐다, 하고 흥정에 끼어들고, 전통 무예단의 신명 난 춤 장단에 어린 들러리가 잔디에서 뒹굴며 키득댄다. 여기서 주목할 것은 낯선 이국의 결혼식을 중계하는 화자의 태도다. 자칫 서구인들이 동방에 가한 오리엔탈리즘적 이분법과 같은 편견을 찾아볼 수 없거니와, 이방인의 시선으로 그들에게 반문명적인 풍속을 강제하며 신비화하지도 않는다. 「집을 찾아오는 흙」은 현지인들을 존중하며 바라보는 시인의 시선을 보여준다.

비바람이 양철지붕을 북 두드리듯 밤새 몰아닥친다 유
례없는 폭우에 산등성이 무너지고 빼곡했던 지붕들도 휩
쓸려 쏟아진다 흙벽돌이 우르르 무너져 내리면서 가재도
구들과 섞여 냐바롱고강으로 흘러간다 그리고는 빅토리
아 호수로 들어가 청 나일강 줄기를 타고 백 나일강과 합

류되어 나일강이 된다 그런 다음 이집트 카이로를 지나 지
중해에 도착한다

    비 그치고 햇볕 쨍쨍한 산등성이 흙을
    르완다 촌부들이 질척이도록 반죽해 벽을 올리고 있다
    집과 함께 무너졌던 흙이
    지중해 바닷바람 따라
    나일강에서 냐바롱고강으로
    거슬러 올라와 쌓였다는 걸 안다는 듯,
    경건하게 흙손과 젖은 헝겊으로
    바르고 다듬는다
                              —「집을 찾아오는 흙」 전문

  시의 1연이 홍수로 인해 지붕과 흙벽돌과 가재도구 등이 냐바롱고강으로부터 빅토리아 호수로 들어가 청 나일강 줄기를 타고 백 나일강과 합류되어 나일강이 된 후 이집트 카이로를 지나 지중해에 도착하는 경로를 거친다면, 2연은 지중해 바닷바람에 의해 정확히 그 역의 방향으로 흙이 거슬러 와 쌓인다. 자연에서 벌어지는 흙의 순환 과정을 순리로 받아들이는 르완다 촌부들의 손길은 경건하다. 그리고 이와 같은 순환의 원리는 삶의 의미를 전하는 허효순 시의 소실점이기도 하다. "르완다 시장에서 물건을 사면/경동시장이 잔돈을 거슬

러 받는다"(「환전」)고 믿는 시인은, 사무실을 청소하는 에릭에게 마음을 쏟으면 "그 마음이 돌고 돌아" 미국에 있는 아들에게로 갈 거라 생각한다. 시인은 에릭에게 음식을 들고 가며 "내게 들어온 마음이 길을 재촉한다"(「마음이 돌고 돌아」)라고 진술한다. 누추한 생존의 이면을 배려와 존중의 아름다움으로 가로지르며 허효순의 시가 부지런히 가는 길이다.

  지금까지 살펴본 바와 같이 구체적인 관찰에서 출발하여 성찰과 반성에 이르는 것, 현재진행형인 삶이야말로 허효순의 시에서 매우 중요한 영토를 점하고 있다. 덧붙이자면 머나먼 이국에서의 생활은 불가피하게 생의 안타까움을 누설한다. "이모와 마실 다녀올 때면/대문까지 내 뒤 바짝 따라 걷던 달"이 "멀리 이 타국에도 슬그머니 따라왔나"(「르완다 보름달」) 하는 목소리에는 애틋한 그리움이 묻어난다. "유리 하나 사이로 수신과 발신"(「먼 안부」)이 계속되는 친구들과의 카톡도 아득한 거리감을 지우는 데는 무력하다. 도마뱀이 벽을 타고 오르내리는 병실에 누워 "병문안 올 사람도 없어/적적하고 외롭다"(「추억협착증」)거나, 한국에서 가져와 심은 상추 이파리를 따서 입에 밀어 넣다 "눈물이 찔끔 나온다"(「상추」)는 데서 진한 향수가 배어 나온다. 속정 많고 여리던 동생이 "지난겨울부터 투석으로 고생하고 있"지만 '나'는 "아프리카 먼 곳에 있어"(「연민」) 가 볼 수가 없다. "르완다에 와서 번번이 공황처럼 공항을 잃는다"(「공항 공황」)라는 고백은 공항에서의 이별이 공황이라 표현할 만큼 고국과 사람들을 향한 그리움이 시인의 마음을 갉아먹는 고통임을 드러낸다. 그러나 시인은 놀랍게도 '그리움에는 양력(揚力)이 있다'고 말한다. 양력은 비행기의 동체를 움직이는 힘이다. 그런 의미에서 "쓸쓸의 무게와 감정의 고도, 슬픔의 세기"(「그리움에는 양력(揚力)이 있다」)는 시를 쓰며 살아가는 시인에게 동력으로 기능한다. 시인의 이런 속내는 르완다라는 먼 이국에서의 시를 가녀린 서정으로만 감싸 안지 않는다. 그리움과 쓸쓸함의 서정을 딛고 그의 시는 보다시피 사뿐히 공중으로 솟아오른다. 끝끝내 상승하는 서정이다.

문학의전당 시인선 380

르완다, 나의 슬픈 간이역

ⓒ 허효순

초판 1쇄 인쇄 2024년 8월 9일
초판 1쇄 발행 2024년 8월 16일
　　　지은이　허효순
　　　펴낸이　고영
　　　디자인　헤이존
　　　펴낸곳　문학의전당
　　출판등록　제448-251002012000043호
　　　　주소　충북 단양군 적성면 도곡파랑로 178
　　　　전화　043-421-1977
　　전자우편　sbpoem@naver.com

　　ISBN 979-11-5896-658-4 03810

*이 책의 판권은 지은이와 문학의전당에 있습니다.
*양측의 서면 동의 없는 무단 전재 및 복제를 금합니다.
*잘못 만들어진 책은 바꿔드립니다.